DE LA LIBERTÉ DE L'HISTOIRE

PARIS. — IMPRIMERIE DE W. REMQUET ET Cie,
Rue Garancière, 5.

DE LA LIBERTÉ

DE

L'HISTOIRE

PAR

AMÉDÉE LEFÈVRE-PONTALIS

AVOCAT À LA COUR DE PARIS

> Præcipuum munus annalium reor,
> ne virtutes sileantur, utque pravis
> dictis factisque ex posteritate et
> infamia metus sit.
>
> (TACITE, *Annales*, III, LXV.)

PARIS

CHARLES DOUNIOL, LIBRAIRE-ÉDITEUR

Rue de Tournon, 29

1860

DE LA LIBERTÉ DE L'HISTOIRE

On ne saurait s'imaginer avec quelle facilité le public se
laisse égarer par les mots, et est disposé à se déclarer
satisfait quand on a répété devant lui certaines formules
toutes faites, certaines phrases de convention, sans s'in-
quiéter le plus souvent de les mettre d'accord les unes avec
les autres. La liberté de l'histoire est un de ces axiomes
auxquels chacun tient et que nul ne s'aviserait de contester :
il est entendu depuis longtemps que l'histoire est un juge,
qu'elle distribue des châtiments et des couronnes, qu'elle
est chargée de rétablir la balance entre le vice et la vertu ;
on lui fait même l'honneur de l'appeler l'institutrice du
genre humain ; et malheur à qui lui contesterait ces titres !
Mais qu'on change un peu le point de vue ou qu'on regarde
à travers d'autres verres ; qu'au lieu de nommer la liberté de
l'histoire, on parle de la diffamation envers les morts, aussitôt
chacun s'écrie : Quoi de plus lâche, de plus odieux que de
médire d'un mort, d'attendre, pour révéler ses actions, pour
juger sa vie, que sa bouche fermée ne puisse plus répondre aux attaques, que son regard éteint ne puisse plus
confondre le détracteur ! C'était de son vivant qu'il fallait

avoir le courage de s'expliquer avec lui, mais ses cendres
sont inviolables, sa tombe est sacrée. Qu'importe qu'il ait
été juste ou injuste, vertueux ou coupable, c'est à Dieu
seul qu'il appartient de peser ses œuvres ; puisque le cadavre du méchant est protégé au même titre que celui de
l'homme de bien, sa mémoire aussi doit être couverte de
la même égide. Et alors les mêmes voix qui proclament la
liberté de l'histoire, répètent en chœur : Paix aux morts !

Cependant, si l'on veut passer des mots à la réalité des
choses, il faut, de toute nécessité, choisir entre ces deux
formules. L'histoire est obligée, par métier, de s'occuper
des morts ; et si on la veut libre, il faut bien lui donner le
droit de ne pas parler toujours en style d'épitaphe ou d'orai-
son funèbre. Qu'on règle sa liberté, si on le peut ; mais
elle est exigeante, qu'on s'en souvienne, et ne supporte
qu'un frein, celui de la vérité. Le jour où le législateur
aura trouvé un moyen pour connaître infailliblement la
vérité historique, il sera en droit de l'imposer aux écrivains. Cette réserve faite, qu'il leur laisse le champ libre,
car si l'histoire ne doit pas mentir, elle ne doit non plus
reculer devant aucune vérité ; il y a longtemps que Cicéron
l'a dit : *Ne quid falsi dicere audeat, ne quid veri non audeat.*
Tacite ajoute même qu'elle a non-seulement pour mission de
sauver la vertu de l'oubli, mais d'opposer aux méchantes
paroles et aux méchantes actions la crainte de la postérité
et de l'infamie. C'est à cette condition qu'au lieu d'être une
sèche exposition de faits et un fardeau inutile pour la mémoire, l'histoire s'élève à la hauteur d'une science morale.
Mais pour l'historien quelle mission dangereuse ! S'il ne
peut reculer devant aucune vérité, s'il a pour tâche de
châtier les vices, combien il devra faire connaître de secrets fâcheux, prononcer de rigoureux arrêts, soupçonner,
chercher et découvrir d'intrigues, de passions, de crimes !
Pourra-t-il s'abstenir de diffamer, c'est-à-dire de publier le
mal, d'enlever à ceux qui l'ont usurpée, la bonne renommée
dont ils avaient joui pendant leur vie et de les dépouiller
de leur manteau d'emprunt, quand même il servirait à
cacher leur nudité ? Comment concilier une pareille mission

avec ce bienveillant respect des morts, dont on prétend
faire non-seulement une vertu chrétienne, mais un précepte du Code pénal? Il y a dans ce problème de quoi trou-
bler beaucoup de consciences.

Le croirait-on? de tous les historiens, celui qui a été le
plus profondément ému de ce scrupule, c'est celui qui
paraît certainement s'en être le moins soucié, c'est peut-
être le plus médisant de tous, le duc de Saint-Simon lui-
même. Dans le temps où il commençait à écrire ses impé-
rissables Mémoires, il fut tenté de les jeter au feu, « à cause,
dit-il, de tout ce qu'il y a contre la réputation de mille
gens. » Puis, fort heureusement, il se ravisa, et soumit la
question qui le tourmentait au plus saint homme de son
temps, à l'abbé de Rancé, le fameux réformateur de la
Trappe. Quelle fut la réponse de Rancé? On peut le deviner,
puisque Saint-Simon a continué d'écrire. Dans l'introduc-
tion de ses Mémoires, il prend la peine de s'en justifier, par
des raisons si solides qu'elles devraient faire taire toutes
les craintes. La première, c'est que le Saint-Esprit lui-
même a daigné dicter des histoires; et, à la vérité, celles
que racontent les Écritures, depuis Caïn jusqu'à Judas, ne
sauraient toujours passer pour exemplaires. Puis, passant
à des arguments plus mondains : « Est-on obligé, dit-il,
d'ignorer les Guise, les rois et la cour de leur temps, de
peur d'apprendre leurs horreurs et leurs crimes? Les
Richelieu et les Mazarin, pour ignorer les mouvements
que leur ambition a causés, et les vices et les défauts qui
se sont déployés dans les intrigues et les cabales de leur
temps? Se taira-t-on Monsieur le Prince pour éviter ses
révoltes et leurs accompagnements? N'aura-t-on nulle idée
de madame de Montespan et de ses funestes suites, de peur
de savoir les péchés de son élévation? Qui pourrait résis-
ter à un problème si insensé, je dis si radicalement impossible? Qui n'en serait pas révolté? Ces scrupuleux persua-
deront-ils que Dieu demande ce qui est opposé à lui-même,
puisqu'il est lumière et vérité? Rendons au Créateur un
culte plus raisonnable... Distinguons ce que la charité
commande d'avec ce qu'elle ne commande pas, et d'avec

ce qu'elle ne veut pas commander. Elle n'ordonne pas, sous prétexte d'aimer les personnes parce que ce sont nos frères, d'aimer en eux leurs défauts, leurs vices, leurs mauvais desseins, leurs crimes; elle n'ordonne pas de s'y exposer; elle ne défend pas, mais elle veut même qu'on avertisse ceux qu'ils menacent ou qu'ils regardent, pour qu'ils puissent s'en garantir; et elle ne défend pas de prendre tous les moyens légitimes pour s'en mettre à couvert. Tout est plein de cette pratique chez les saints les plus révérés et les plus illustres, qui n'ont pas même épargné les découvertes des faits les plus fâcheux, ni les invectives les plus amères, contre les méchants particuliers dont ils ont eu à se défendre ou qu'ils ont cru devoir décrier, quelquefois contre les personnes les plus élevées dans l'Église ou dans le monde. »

Qu'on nous pardonne cette longue citation. Ces vérités sont vieilles comme le monde; et nous nous serions épargné la peine de les rappeler, si les vérités les plus vieilles n'étaient souvent les plus méconnues. Notre génération a été élevée dans la croyance et dans la pratique de ces doctrines; jamais l'histoire n'a été plus libre, plus honorée, plus illustrée par le travail et par le talent que dans notre siècle. Et cependant il était réservé à notre siècle de voir éclore cette autre théorie, que la réputation des morts est inattaquable comme leur tombeau. Si cette opinion était seulement mise en avant par un moraliste, il ne faudrait pas s'en émouvoir, et on pourrait laisser au bon sens public le soin d'en tenir un juste compte. Mais on ne peut la traiter si légèrement, car elle a pour elle l'autorité la plus grave et la plus menaçante, celle de la Cour de cassation, qui prétend lui donner la sanction de la loi pénale. Personne n'a pu oublier qu'à la suite du récent procès de Mgr l'Évêque d'Orléans, un arrêt de cette Cour suprême, rendu, dit-on, *dans l'intérêt de la loi*, a découvert et décidé pour la première fois qu'une loi, datée de 1819, punissait les attaques contre la mémoire des morts par les mêmes dispositions qui punissent les attaques contre la réputation des vivants. La liberté de l'histoire est ainsi soumise à peu près aux mêmes règles que la liberté de la presse politique, et pourrait dès lors paraître sérieusement compromise, si un arrêt avait la force d'une loi, et liait les tribunaux pour l'avenir. Heureusement rien n'interdirait à la Cour de cassation elle-même d'adopter un autre avis, si un nouveau procès lui était déféré. La discussion est donc encore opportune et possible; et la question est assez grave, elle intéresse assez vivement tous ceux qui ont la prétention hardie de tenir une plume, tous ceux même qui se bornent au goût plus modeste de lire les écrits des autres, pour qu'il soit permis de se demander, avec tout le respect dû à la magistrature et en usant seulement de la liberté toujours reconnue d'examiner la jurisprudence, quelle est la portée de l'arrêt prononcé, s'il est conforme aux lois existantes, où tend l'opinion que l'on consacre et quel nouveau régime elle prépare (1).

Sans revenir sur le procès d'où est née cette controverse judiciaire, il n'est pas inutile, pour en apprécier la solution, d'en préciser l'origine. Les faits mêmes ont été sommairement rappelés à la Cour de cassation; quoiqu'elle n'eût à trancher qu'une question de droit, on lui a fait remarquer avec soin « qu'un évêque avait été cité comme diffamateur pour la révélation de faits qui remontaient à un demi-siècle, qui se rattachaient à des événements publics et qui étaient présentés comme une apologie douloureuse, mais nécessaire. » On ne peut se dissimuler que la décision emprunte à ces circonstances une signification toute particulière. On comprendrait en effet que l'opinion eût pu prendre le change, que les tribunaux eussent pu dévier, à leur insu et malgré eux, de la ligne rigoureuse des principes, s'ils avaient eu à punir une diffamation, entendue dans le sens ordinaire que le monde attache à ce

____

(1) La critique de l'arrêt de la Cour de cassation, du 24 mai dernier, a déjà été faite, tout récemment, au point de vue juridique, par M. Berville, président honoraire à la Cour de Paris, dans une excellente brochure, intitulée : *Du droit de plainte en matière de diffamation* ; par M. Royer, dans une note très-claire du Recueil périodique de Dalloz ; et par M. Achille Morin, dans son *Journal de Droit criminel*, juillet 1860.

mot, s'ils avaient eu à juger un pamphlétaire qui, dans un intérêt de vengeance, ou par un sentiment de cupidité, aurait jeté l'insulte sur une tombe encore entr'ouverte. Mais rien dans la cause ne pouvait faire oublier que les intérêts de l'histoire étaient seuls en jeu. Au milieu d'une discussion politique et religieuse d'une incontestable gravité, à laquelle la plupart des évêques de France avaient mêlé leur voix, un journal avait cru devoir opposer à l'évêque d'Orléans un document émané d'un de ses prédécesseurs ; pour relever l'importance de cette pièce, on avait célébré en termes pompeux la sainteté, l'illustration, l'indépendance de l'auteur. Provoqué à s'expliquer sur ce témoignage, l'évêque ne put faire autre chose que de discuter le témoin ; il le fit de manière à ne lui rien laisser de l'autorité qu'on lui attribuait. D'ailleurs il ne se permit pas un blâme sur sa vie privée ; ce qu'il discutait, c'étaient uniquement les défauts ou les faiblesses du personnage public. Obligé de dévoiler des faits, il appuya toutes ses révélations sur des pièces authentiques, tirées d'un dépôt ouvert à tous, et dont personne ne pouvait contester l'exactitude et la sincérité. En jugeant la conduite qu'il faisait connaître, il usa de toute la liberté de sa conscience : personne ne put dire qu'il était dirigé par un sentiment de malveillance personnelle, les circonstances expliquaient assez la nécessité de son écrit ; ni qu'il outrageait une douleur récente, le personnage était mort depuis cinquante ans ; ni qu'il avait l'intention de nuire à la famille, car il ignorait même son existence. La publication attaquée avait donc tous les caractères de l'histoire, et c'était bien sur le terrain de l'histoire que s'engageait le débat.

La famille porta plainte devant la juridiction correctionnelle ; la Cour de Paris, saisie du litige, reconnut qu'elle n'avait pas qualité pour l'examiner, en décidant que les lois répressives de la diffamation n'étaient pas applicables quand la réputation attaquée était celle d'un mort. C'est précisément cette doctrine qui fut déférée à la Cour de cassation, attaquée devant elle par le procureur général sans qu'aucune voix eût le droit de s'élever pour la défendre, et déclarée par cette juridiction suprême, contraire à l'esprit, sinon au texte, des lois en vigueur. Il est juste d'ajouter que la Cour de cassation, en adoptant ce parti, a donné aux défenseurs de l'histoire quelques paroles d'encouragement ou de consolation : « Attendu, a-t-elle dit, que la limite imposée à la diffamation ne peut en aucun cas devenir une gêne pour l'histoire ; que le juge saura toujours reconnaître la bonne ou mauvaise foi de l'écrivain, apprécier le but de ses jugements ou de ses attaques, ne pas confondre les nécessités et les franchises de l'histoire avec la malignité du pamphlet, et enfin ne trouver le délit que là où il trouvera l'intention de nuire.... »

Que valent ces réserves et quelle confiance peut-on fonder sur ces promesses ? Personne ne doute qu'elles n'aient été parfaitement sincères dans l'esprit des magistrats qui les ont données ; mais on peut se demander avec quelque inquiétude si la Cour de cassation, après avoir posé un principe, est maîtresse d'en arrêter les conséquences ; si les tribunaux correctionnels chargés journellement d'appliquer la loi sans avoir le droit de s'en affranchir, ne seront pas entraînés, par la logique même, au delà des limites qu'on croit avoir tracées ; et si l'intérêt que la Cour de cassation témoigne à l'histoire est de nature à prévaloir, comme autorité, sur la loi telle qu'elle l'interprète. La garantie, on en conviendra, est précaire : le fait positif, inflexible, c'est que les mêmes dispositions pénales qui protégent contre toute attaque l'honneur des vivants, sont reconnues bonnes et valables pour protéger l'honneur des morts. Qu'on ne s'y trompe point en effet : il n'y a pas une loi spéciale pour punir la diffamation commise envers les vivants, une autre loi pour la punir quand elle s'adresse aux morts : c'est bien le même article qui s'appliquerait à l'un comme à l'autre cas. Pour apprécier de quelle liberté on peut user envers la mémoire de ceux qui ne sont plus, il faut donc se rendre compte du régime qui couvre et garantit la réputation des vivants.

La loi distingue deux sortes d'attaques contre l'honneur des citoyens : la diffamation et l'injure. Elle définit la diffamation : « Toute allégation ou imputation d'un fait qui porte atteinte à l'honneur ou à la considération de la personne ou d'un corps auquel le fait est imputé ; » elle définit l'injure : « Toute expression outrageante, terme de mépris ou invective qui ne renferme l'imputation d'aucun fait. » La diffamation, comme l'injure, peut se commettre par des paroles, par des écrits, ou par tout autre moyen de publicité ; mais elle n'est passible de peines correctionnelles qu'à la condition d'être publique. Les peines varient, suivant que l'attaque a été dirigée contre les corps constitués, les dépositaires de l'autorité publique, les agents diplomatiques ou les simples particuliers. A l'égard des particuliers, l'injure est punie d'une amende de 16 à 500 fr., la diffamation, d'un emprisonnement de cinq jours à un an, et d'une amende de 25 à 2,000 fr., ou de l'une de ces deux peines seulement, suivant les circonstances (1). En aucun cas la poursuite n'a lieu que sur la plainte de la partie lésée (2). Enfin nul n'est admis à prouver la vérité des faits diffamatoires. A cette dernière règle, la loi de 1819 admettait toutefois un tempérament ; elle permettait de prouver les faits, par toutes les voies ordinaires, quand ils étaient imputés à des dépositaires ou agents de l'autorité, ou à des personnes ayant agi dans un caractère public, et quand ils étaient relatifs à leurs fonctions (3). Mais un décret du 17 février 1852 a fait disparaître en grande partie le bénéfice de cette exception, en disposant qu'en aucun cas la preuve par témoins ne sera admise pour établir la réalité des faits injurieux ou diffamatoires (4). Telle est en résumé la législation qui protége les citoyens contre l'injure et la diffamation publiques, et la société contre les désordres qui pourraient en résulter.

C'est cette même législation qu'on étend aujourd'hui par un arrêt, à l'injure et à la diffamation commises en-

(1) Loi du 17 mai 1819, art. 13, 20.
(2) Loi du 26 mai 1819, art. 5.
(3) Loi du 26 mai 1819, art. 20.
(4) Décret du 17 février 1852, art. 28.

vers les morts. Ainsi d'après la jurisprudence nouvelle, celui qui se sera permis d'appliquer à un personnage quelconque, en racontant sa vie, une expression outrageante ou un terme de mépris, sera puni d'amende. Celui qui aura allégué un fait capable de porter atteinte à l'honneur ou à la considération d'une personne morte, à quelque époque que remonte sa mort, sera passible d'amende et de prison, alors même qu'il pourrait prouver la vérité de ses allégations, alors même, aux termes du décret de 1852, qu'il les aurait dirigées contre un personnage public, et pour les faits de sa vie publique. Ajoutons que toute partie qui se prétendra lésée, peut citer directement celui qu'elle accuse devant le tribunal correctionnel, sans l'intervention du parquet, et que le tribunal ne peut se refuser à prononcer la peine, si les faits sont constants ; car le tribunal n'est pas juge de la loi, il n'a mission que pour l'appliquer. Il n'a pas même, comme l'aurait un jury, le pouvoir souverain de prononcer son verdict, sans rendre compte de ses raisons ; il est obligé de motiver ses jugements, et si la diffamation des morts est réellement prévue et punie, il n'y a pas un article de loi qui l'autoriserait à renvoyer un prévenu acquitté, en se fondant sur le droit de l'histoire.

Cependant la Cour de cassation assure que la limite imposée à la diffamation ne peut, en aucun cas, devenir une gêne pour l'histoire, et le magistrat, chargé de présenter à l'audience le rapport de l'affaire, développe ainsi cette pensée : « L'historien, nous entendons le véritable « historien, celui qui cherche, qui fouille, qui s'assure « avant d'écrire, qui n'écrit qu'avec conviction et con- « science, celui-là n'a rien à craindre d'un procès pareil ; « il peut paraître la tête haute devant ses juges ; il dirait, « — votre jurisprudence l'y autorise, — qu'il n'y a point de « diffamation sans l'intention de nuire..... Le grand his- « torien de notre époque, qui a remué toutes les choses « de ce temps, qui a tant loué, mais aussi blâmé, flétri « plus d'un nom, a-t-il été cité en police correctionnelle ? « Pourquoi ? C'est qu'il est véridique, c'est qu'il a compris « que la mission de l'histoire est là, c'est qu'il n'épargne

« pas sa peine pour trouver le vrai..... Que l'historien se
« rassure donc, la loi de 1819 n'est pas faite contre lui. »

Voilà, en effet, des paroles fort rassurantes pour l'historien. S'il est véridique, il n'aura, dit-on, rien à craindre ; et
sans doute, si une personne étrangère aux lois a lu l'arrêt
et le rapport qui le précède, elle a dû croire qu'on a toujours la liberté de parler des morts comme on le veut,
pourvu qu'on dise sur eux la vérité. Mais il y aurait
donc des règles spéciales sur la diffamation envers les
morts? L'art. 20 de la loi du 26 mai 1819 ne trouverait donc pas ici son application quand il dit : « Nul
ne sera admis à prouver la vérité des faits diffamatoires? » Comment peut-on le passer sous silence? Qu'on
suppose un procès correctionnel intenté par un héritier pour la défense de l'honneur d'un mort. La partie
poursuivie veut se défendre en produisant la preuve des
faits qu'elle a allégués, elle a les documents dans la main,
les témoins sont à l'audience. Cependant le président l'arrête, il ne peut pas entendre les témoins, il ne peut pas
lire les pièces, et si l'avocat s'avise d'en parler, il lui
ferme la bouche par une phrase consacrée : « Vous aggra-
vez la diffamation. » Le président a raison, le tribunal n'a
qu'un point à constater : le prévenu a-t-il allégué un fait
qui porte atteinte à l'honneur ou à la considération du
plaignant? Que le fait soit véridique ou non, le prévenu
est condamné.

Croit-on que le prévenu puisse se défendre en disant :
« Mais on a dit devant la Cour de cassation, qu'en allé-
guant un fait capable de déshonorer une famille, il suf-
fit de ne pas se tromper ; que jamais, en pareil cas, le
juge ne punira l'écrivain. » Le plaignant se contenterait-il
de cette autorité? On devine aisément sa réponse : « Je
suis fils, neveu, petit-neveu de la personne que vous
avez outragée! son honneur m'est plus cher que mon
honneur! vous jetez au vent ses cendres...... et autres
phrases à l'usage des héritiers. Je ne suis pas venu devant la justice pour que vous donniez un scandale de
plus, pour que vous déshonoriez ma famille par vos

preuves. Les morts sont encore vivants par le souvenir, et doivent être protégés comme les vivants ! » Nous soupçonnons qu'en pareil cas le tribunal serait fort embarrassé de prendre en considération les droits de l'historien. Car s'il vient de juger, dans la même audience, une cause de diffamation à l'égard d'un vivant, et d'interdire au prévenu ou à son avocat la preuve du fait, en vertu de l'art. 20 de la loi de 1819, comment pourra-t-il, en respectant ce même art. 20, permettre cette preuve quand il jugera une cause de diffamation envers un mort ?

On ne peut donc s'expliquer que par une inadvertance la parole du magistrat qui prétend donner toute sûreté à l'histoire pourvu qu'elle soit vraie, et voilà une des consolations de l'historien qui disparaît.

Il lui en reste une seconde, appuyée sur l'autorité de l'arrêt lui-même, c'est qu'il n'a pas eu l'intention de nuire. Il semble, en effet, en lisant l'arrêt, qu'une disposition particulière des lois relatives à la diffamation ne permettrait d'appliquer la peine que si la diffamation est commise spécialement en vue de nuire à la personne outragée. Mais si on relit les lois de 1819 et les lois postérieures, on n'y trouve aucun article de ce genre. L'intention mauvaise, regardée comme nécessaire pour constituer le délit de diffamation, n'est donc pas une condition particulière à ce délit; elle ne diffère pas de l'intention qui doit se rencontrer dans presque tous les délits et les crimes, et sans laquelle on n'est pas coupable. Ainsi quand on met dans sa poche la montre de son voisin en croyant prendre la sienne, il est évident qu'il n'y a pas de délit, parce qu'il n'y a pas d'intention de nuire. Tel est le sens juridique de ce mot.

Il n'a du moins jamais signifié que, pour constituer un délit, l'intention dominante, la vue principale devait être de nuire, de porter préjudice, de faire du mal à autrui. A cette condition, il y aurait trop peu de faits passibles de peines. Rarement, en effet, l'homme est assez méchant pour faire le mal pour le mal, il le fait le plus souvent en le rapportant à son propre bien. Qu'un homme mourant de faim vole un pain dans la boutique d'un boulanger, est-ce

dans l'intention de nuire au boulanger qu'il a commis
ce vol ? On ne saurait le prétendre, et pourtant il y
aurait ici délit bien caractérisé. Il en est de même pour la
diffamation ; si, pour intéresser ou pour instruire des lecteurs, ou même dans le dessein plus élevé de rendre service au public, on révèle des faits qui portent atteinte à
l'honneur d'un citoyen, on est reconnu coupable. Toute la
jurisprudence l'atteste : ainsi, on a plusieurs fois reconnu
passible des peines de la diffamation le gérant d'un journal
qui publie un fait diffamatoire, bien qu'il ne connaisse
pas la personne à laquelle le fait est imputé, et qu'il ait agi
dans le but unique de publier un article intéressant pour
ses lecteurs (1). La conscience du mal que l'on cause, voilà
l'intention de nuire dans l'acception de la loi.

Mais qu'importe, d'ailleurs, la définition ? quel que soit
le sens dans lequel on entende le mot, est-ce que l'historien n'est pas en droit d'avoir l'intention de nuire aux
noms qu'il flétrit ? Tacite qui écrivait, comme on aime
à le rappeler, sans colère et sans faveur, *sine ira et studio*,
Tacite n'avait-il pas l'intention de nuire à Tibère, à Néron
et à leurs complices ? Mais c'est là sa gloire ! il s'est
institué juge, il s'est érigé en vengeur, il s'est fait,
comme l'a dit éloquemment M. Villemain, « le grand jus-
« ticier de Dieu et de l'humanité sur les Césars de Rome. »
Voilà pourquoi il s'est armé de sa plume comme d'un
glaive, et a relevé l'honneur du monde, souillé par ces
monstres, en ayant le courage de les traîner à l'immortalité. Quand on a nommé l'empire romain, on ne peut citer
dans le cours des temps qu'une autre époque digne d'en
être rapprochée, le règne de la Convention. En racontant
ces jours sinistres qui ont reçu et gardé le nom de *la Ter-
reur*, l'historien peut apparemment avoir l'intention de
nuire à la mémoire des scélérats par qui tant d'hécatombes
humaines ont été immolées sans relâche ; les victimes
aussi ont le droit d'être vengées, et ce serait les sacrifier

---

(1) Arrêts de Paris, 4 mars 1837 ; Rouen, 30 décembre 1841. *V.* Dalloz,
V° Presse, n° 878 et suivants.

une seconde fois que d'épargner leurs bourreaux. Faudra-t-il cependant être exposé, pour s'être ému en parlant de Marat, de Robespierre et de Danton, non-seulement à réparer envers leurs descendants le tort qu'on a pu leur faire, mais à répondre devant le tribunal correctionnel de la vivacité de son langage, et être condamné fatalement, entre un voleur et un escroc, à l'amende et à la prison?

La crainte est exagérée, dit-on, et la rareté des historiens cités en police correctionnelle doit rassurer sur le danger de ces procès. Il est vrai, personne ne le conteste, que sous l'empire de la loi de 1819, l'histoire a toujours pu se produire sous toutes les formes, recherches savantes, volumineux ouvrages, monographies, biographies; qu'elle a pu toucher à toutes les époques, aux temps anciens comme aux temps modernes, comme à notre siècle même, sans que les écrivains aient été inquiétés. Mais, ce qu'on en peut conclure, c'est précisément que la loi n'a jamais reçu jusqu'ici l'interprétation qu'on vient de lui donner. Plusieurs fois, depuis quarante ans, des héritiers, sentant blessé l'honneur de leurs proches, ont demandé une réparation pénale aux tribunaux correctionnels, ils n'ont pu l'obtenir; lors même qu'ils ont poursuivi de véritables diffamateurs, de coupables pamphlétaires, ils ont échoué; que serait-ce s'ils s'étaient attaqués à des historiens?

La première tentative d'appliquer la loi de 1819 à la protection de l'honneur des morts remonte à l'année même où la loi venait d'être promulguée. Un journal, le *Drapeau blanc*, avait jeté l'injure au nom du maréchal Brune, assassiné, quelques années auparavant, dans les troubles du Midi. La maréchale porta plainte, et l'affaire fut renvoyée devant la Cour d'assises de la Seine, car alors tous les procès de presse étaient déférés au jury. La cause était digne de faveur, le talent de l'avocat ne lui fit pas défaut. C'était M. Dupin (demeuré fidèle, sur ce point, à ses anciennes opinions) qui demandait, au nom de la veuve outragée, une condamnation correctionnelle. Mais l'avocat général, M. de Broë, tout en flétrissant l'article du *Drapeau blanc*, se joignit à la défense et conclut à l'acquittement. Il était placé directement sous l'autorité du garde des sceaux, M. de Serre, qui, trois mois plus tôt, avait présenté la loi aux chambres ; il avait consulté, sans doute, ceux qui l'avaient préparée, discutée, votée ; et « il établit par une lumineuse discussion, dit le *Moniteur*, que la loi nouvelle sur la presse ne permet pas que l'on donne la qualification de délit à la diffamation dirigée contre des individus décédés. » Le journaliste fut acquitté (1).

Une question du même genre ne devait pas tarder à être soumise à la Cour de cassation. C'était en 1823 ; depuis trois ans déjà Mgr le duc de Berry était tombé sous le couteau de Louvel ; un individu se permit d'outrager sa mémoire par des discours tenus en public, et fut condamné par le tribunal de Privas comme coupable d'offense envers la famille royale. Il se pourvut en cassation, soutenant que la loi n'était pas applicable, parce que Mgr le duc de Berry ne vivait plus. La discussion s'engagea devant la Cour sur la répression de l'injure envers les morts, et M. de Marchangy, avocat général, demanda formellement, dans un éloquent réquisitoire, qu'on déclarât la loi applicable. La Cour de cassation avait une solennelle occasion de se prononcer ; elle ne le fit point. Comme l'offense envers la famille royale était punie par un article spécial de la loi de 1819, elle s'appuya uniquement sur cette disposition pour rejeter le pourvoi ; mais elle n'adopta en aucune façon la doctrine que le ministère public lui demandait de consacrer.

Deux années plus tard, la controverse se renouvela dans un procès qui est demeuré célèbre. L'opinion s'agitait au sujet des jésuites ; les passions politiques avaient tenté de remettre en honneur le souvenir de La Chalotais, procureur général au Parlement de Rennes, qui avait le premier, en 1762, réclamé la suppression de la fameuse Compagnie ; le *Constitutionnel*, le *Courrier*, annonçaient à grand bruit la mise en vente de son portrait. Un journal du parti contraire, l'*Étoile*, irrité par cette manifestation, se laissa en-

(1) *Moniteur*, 19 août 1819.

traîner à une diatribe contre ce magistrat. On lisait dans un des articles incriminés : « Ils ont l'impudence de « signaler à l'admiration nationale un magistrat félon « qui, au mépris de ses devoirs et de son impartia- « lité, poursuivit, avec l'odieuse animosité d'une haine « personnelle, un corps respectable dont l'influence et « les lumières étaient un crime de lèse-nation aux yeux « d'ignorants et orgueilleux magistrats, un homme « enfin qui, bientôt après, dégradé du titre honorable « dont son roi l'avait cru digne, fut traîner son repentir « dans l'exil et l'ignominie. » Dans un autre article, l'*Etoile* prétendait que deux billets anonymes, infâmes contre le roi, avaient été déclarés, par les experts, écrits de la main de La Chalotais.

Les héritiers de La Chalotais étaient encore nombreux et honorés en Bretagne; d'un commun accord ils poursui- virent le diffamateur en police correctionnelle. Le tribunal de la Seine rendit un mémorable jugement qui posa les vrais principes en des termes irréfutables. Il ne pouvait être suspect de partialité, même involontaire, pour le pré- venu, puisqu'il infligeait à son article le blâme le plus sé- vère; mais il se considérait comme impuissant à lui appli- quer une peine, en vertu de la loi de 1819. Car, « en « matière criminelle, dit le jugement, le juge ne peut, « comme en matière civile, suppléer à l'insuffisance et au « silence même de la loi; il n'existe de délit et de peine « qu'à l'égard des faits expressément punis, défendus et « prévus par une loi positive..... Les termes employés par « la loi du 17 mai 1819 ne peuvent s'appliquer qu'à l'hon- « neur et à la considération dont une personne jouit et « dont un fonctionnaire public a besoin actuellement et « pendant sa vie, et ne peuvent s'étendre à l'outrage fait à « la mémoire des morts.....; la qualification de ce délit « aurait nécessairement donné lieu à des dispositions pré- « cises, indispensables pour distinguer le délit à l'égard « des personnes privées ou publiques, régler l'exercice de « l'action, établir à quelle classe d'héritiers elle peut ap- « partenir et déterminer les devoirs du publiciste et de

« l'historien ; ces omissions importantes dans la loi, ce si-
« lence dans la discussion et cette impropriété dans les
« termes prouvent que ce délit n'était pas dans la pensée
« du législateur. »

Telle est la doctrine dont la jurisprudence ne s'est jamais
écartée : elle a seulement admis une distinction qui se
justifie d'elle-même. Toutes les fois que l'injure a paru dirigée non pas contre la personne morte seulement, mais
contre sa famille ; toutes les fois qu'on a voulu diffamer les
vivants, sous prétexte de s'attaquer aux morts, les tribunaux ont appliqué la loi pénale ; ils l'ont fait notamment
dans une cause où l'on avait odieusement calomnié la mémoire de madame la duchesse de Tourzel, en lui attribuant
une spoliation coupable et en présentant ses héritiers
comme possesseurs d'une fortune acquise par des moyens
honteux ; ils l'ont fait dans un procès illustré par le nom de
Casimir Périer, mais en ayant soin de constater d'une manière expresse que la diffamation devait être considérée
comme attaquant personnellement ses héritiers. Au contraire, lorsque la mémoire du mort est seule en cause, la
justice n'a jamais hésité à déclarer l'action correctionnelle
non-recevable. La Cour de Paris, en restant fidèle à ces
principes dans l'affaire de Mgr l'évêque d'Orléans, en a
donné une fois de plus les vraies et solides raisons ; et si
l'on peut s'étonner qu'elle ait cru devoir apprécier et qua-
lifier des écrits dont elle se déclarait elle-même indûment
saisie, on ne peut contester qu'elle ait rendu aux droits de
l'histoire un solennel hommage, en reconnaissant que
« dans un intérêt social de l'ordre le plus élevé, l'historien
ne doit pas être réduit à ne pouvoir prononcer un nom
sans s'exposer à une poursuite criminelle. »

Cette longue suite d'arrêts, donnant tous à la loi de 1819
une seule et même interprétation, ont une incontestable
autorité pour en fixer le sens. Cependant, puisque l'opinion contraire est aujourd'hui mise en avant et consacrée
par la Cour de cassation, il semble que, pour juger la
question, il doit suffire d'ouvrir la loi : si elle parle des
morts, le débat est tranché ; si elle n'en parle pas, toute

hésitation semble également devoir être levée, car la première règle du droit criminel, c'est que le silence de la
loi ne peut pas créer un délit. Or, personne ne conteste que
la loi ait gardé le silence, la Cour de cassation elle-même
l'avoue dans son arrêt ; et le magistrat qui lui présentait
le rapport du procès, en lui demandant de « faire une
sage et utile violence à la loi » (comme si *faire violence*
n'était pas synonyme de *violer*), reconnaissait de son
côté « que la pensée du législateur ne s'était point portée
sur le cas d'une diffamation qui s'en prend à un mort. »
Que dit la loi ? Elle définit la diffamation toute allégation d'un fait capable de porter atteinte à l'honneur
de la personne à laquelle il est imputé. Ce mot de *personne* peut-il comprendre les morts, ou désigne-t-il
seulement les vivants ? C'est là une source de controverses pour les jurisconsultes. Tout ce qu'on en peut
dire ici, c'est que, dans la langue juridique, on entend
ordinairement par le nom de *personne*, un être capable
de posséder des droits. La personne, ce n'est pas l'âme
séparée du corps et vivant dans l'invisible éternité ;
c'est encore bien moins le corps séparé de l'âme, et deve-
nant, comme dit admirablement Bossuet, « un je ne sais
quoi, qui n'a plus de nom dans aucune langue ; » ce n'est
pas davantage la mémoire, la réputation, la gloire : la
personne, c'est l'intelligence servie par les organes, c'est
l'homme complet. Mais laissons de côté les subtilités, ce
n'est point par des querelles de mots qu'on peut juger les
grandes choses. La vérité qu'il s'agit de mettre hors de
doute, c'est que le législateur n'a pas eu l'intention de parler des morts, parce que s'il l'avait eue, il l'aurait ouvertement exprimée.

Les lois de 1819 sur les crimes et les délits de la parole et
de la presse n'appartiennent pas, en effet, à cette classe
de lois préparées dans l'ombre et votées en silence, qui
peuvent laisser à la magistrature des lacunes à combler,
et qui ne rendent pas transparente la pensée de leur
auteur. Elles datent d'une des plus grandes époques qui
honorent la législation française. Présentées aux cham-

bres et soutenues par M. de Serre, garde des sceaux, M. Decazes, ministre de l'intérieur, MM. Guizot et Cuvier, commissaires du roi, discutées par des hommes tels que M. le duc de Broglie, M. Lainé, M. Royer-Collard, elles ont été destinées avec la plus loyale sincérité à fonder en France la liberté de la presse; elles ont défini avec un soin minutieux les délits qu'elles répriment et les conditions dans lesquelles ils peuvent se commettre : quand un fait a paru punissable, elles l'ont déclaré tel, de façon à ne laisser aucune prise à l'interprétation arbitraire. Depuis qu'elles ont pris place dans notre législation, elles ont souvent été modifiées : chaque gouvernement qu'a vu passer notre pays y a introduit quelques dispositions nouvelles, changé quelque détail; tous cependant ont été obligés de conserver les principes des lois de 1819; aujourd'hui encore on s'y reporte. C'est que ces lois ont été non-seulement préparées par des esprits éminents, familiers avec les doctrines d'une saine philosophie; elles ont encore eu l'avantage d'être soumises au contrôle de la discussion, d'être passées comme au crible de l'opposition; elles ont été débattues pendant de longues séances publiques, à la chambre des pairs, comme à la chambre des députés. Elles sont donc en pleine lumière; et on ne voit pas qu'à aucun moment la pensée des morts ait préoccupé l'esprit de ceux qui préparaient, discutaient et votaient les mesures de répression applicables à la diffamation. Pour lever toute espèce de doute, on pourrait consulter les témoins encore vivants de ces délibérations, et, parmi eux, les plus autorisés, comme est M. le duc Pasquier : on les entendrait se plaindre d'être diffamés eux-mêmes par l'interprétation, si éloignée de leur pensée libérale, qu'on donne aujourd'hui à leurs lois (1).

(1) Un ancien chancelier d'Angleterre, lord Brougham, rapportait dernièrement, dans une réunion publique de son pays, l'opinion de M. le chancelier Pasquier. Nous transcrivons ses paroles, sans rien retrancher à son langage, quelque libre qu'il puisse paraître : « His lordship went « on to say that the venerable duke Pasquier, when he heard that the « court grounded its decision upon a law of his proposal made in 1819,

Si la loi eût voulu créer le délit qu'on prétend maintenant y découvrir, il était nécessaire qu'elle s'en expliquât ouvertement, car ce délit était entièrement nouveau. Il est incontesté, comme le remarque encore le dernier arrêt de la Cour de Paris, qu'avant les lois de 1819, l'imputation de faits qui pouvaient nuire à la mémoire d'une personne décédée n'était l'objet d'aucune disposition répressive. Le Code pénal de 1810, qui d'ailleurs punissait non pas la simple diffamation, mais seulement la calomnie, ne prétendait évidemment protéger que les vivants, puisqu'il définissait la calomnie : « L'imputation de faits qui, s'ils existaient, exposeraient celui contre lequel ils ont été articulés à des poursuites criminelles ou correctionnelles. » Le législateur de 1819 a étendu à l'allégation de faits véridiques la répression qui punissait seulement l'allégation de faits mensongers : il a ainsi assimilé la diffamation à la calomnie, et il a eu soin de mettre en évidence le nouveau délit qu'il réprimait, mais il n'a jamais dit ni laissé entendre qu'il voulait rendre applicable à la réputation des morts les dispositions par lesquelles il défendait la réputation des vivants, et s'il l'a fait, on peut assurer qu'il ne s'en est pas douté.

Mais ce qui est plus décisif encore, c'est qu'il a dit le contraire, quand il a expressément prescrit « que la poursuite n'aura lieu que sur la plainte de la partie qui se prétendra lésée. » M. de Serre, garde des sceaux, donnait ainsi les raisons de cet article : « Nul, sans son consen-
« tement, ne doit être engagé dans des débats où la justice
« même et le triomphe ne sont pas toujours exempts d'in-
« convénients, et si le maintien de la paix publique
« semble demander qu'aucun délit ne reste impuni, cette

« said that no one could ever suppose the word *personne* referred to de-
« ceased persons, because a dead man was an *ame*, not a person ; but the
« duke added, as he (lord Brougham) was informed, that he had a right
« to the benefit of « this monstrous decision, » as he called it, for he was
« himself as good as dead, being 93 years old, and his learned and wor-
« thy colleague, De Serre, who was actually dead, had also a right to
« regard himself as defamed by the judgment imputing so gross an ab-
« surdity to their law of 1819. » *Law amendment journal, june* 14, 1860.

« même paix gagne aussi à ce qu'on laisse se guérir
« d'elles-mêmes des blessures qui s'enveniment dès qu'on
« les touche. » Tel est le principe que pose la loi : elle
ne permet à personne de prendre la place de la partie lésée
par la diffamation ou par l'injure ; elle ne souffre pas qu'un
zèle indiscret, quelquefois perfide, produise le nom d'autrui devant les tribunaux, et lui ménage, même involontai-
rement, de nouveaux affronts : elle veut que chacun se
fasse d'abord juge en sa propre cause et mesure soi-même,
avant de demander justice, et l'offense qu'il ressent et l'uti-
lité de la venger. Un mort peut-il ressentir une offense, et
dans les hauteurs sereines où le placent nos vœux et nos
espérances, croit-on qu'il soit encore sensible aux jugements et peut-être aux injures de la terre ? Mais, à ce
compte, comme on l'a spirituellement remarqué, « ce ne
« serait vraiment pas la peine de revivre et notre immorta-
« lité ne serait que la continuation d'un supplice ! » D'ailleurs, lors même qu'on voudrait supposer un mort capable
d'être *lésé*, dans le sens de la loi, serait-on assez hardi pour
prétendre qu'il a la volonté de venger son injure et d'en-
voyer en prison celui qui a eu le malheur de le blesser ? Qui
sait si l'âme des morts, mise en possession de la véritable lumière, ne regarde pas comme une juste et nécessaire expia-
tion du mal qu'elle a fait, que ce mal soit découvert et serve
de leçon aux générations vivantes ? Qui oserait dire tout au
moins qu'elle ne pardonne pas à celui qui l'attaque ; et
puisque le pardon des vivants est une sauvegarde contre la
poursuite, pourquoi refuserait-on la même autorité au pardon des morts ?

Mais l'héritier est là, dit-on, qui représente celui qui
n'est plus, qui continue sa personne, qui exerce en son
nom ses actions ; il doit avoir le droit de pardonner ou de
poursuivre. Les partisans de cette opinion devraient s'expliquer d'abord sur les droits de ceux qui n'ont pas le
bonheur de laisser d'héritiers : tandis que la mémoire des
uns sera protégée contre toute attaque, la réputation de
ceux-là sera-t-elle, par un surcroît de défaveur, par une fu-
neste inégalité du sort, abandonnée sans défense à cette

diffamation qu'on redoute comme un fléau si habituel, ou bien l'État, qui recueille les successions en déshérence, pourra-t-il faire poursuivre le diffamateur par le ministère public? Si l'on se donne la peine d'ajouter à la loi, en l'interprétant, il serait fort nécessaire de la compléter sur ce point. Il ne serait pas moins important de prévoir le cas où la personne offensée aurait laissé en mourant plusieurs héritiers, dont l'un voudrait poursuivre le diffamateur, tandis que l'autre, par prudence et par respect pour la mémoire de son parent, aimerait mieux ne pas livrer un nom qu'il respecte aux hasards de la discussion. Lequel des deux l'emportera? La loi est muette sur ce point, et ceux qui se flattent de connaître assez intimement la pensée du législateur pour suppléer à son silence, n'ont pas encore annoncé comment ils trancheraient ces difficultés.

D'ailleurs, il n'est pas vrai que l'héritier d'un mort puisse en toute circonstance avoir la prétention de tenir sa place, et se dire offensé, injurié, diffamé, toutes les fois qu'on aura attaqué la mémoire de celui qu'il représente ; il n'est pas vrai surtout que le franc-parler sur la conduite des morts présente les mêmes caractères de culpabilité et soit aussi dangereux pour l'ordre public que le franc-parler sur la conduite des vivants. Quelquefois sans doute, la médisance pourra être lâche et odieuse ; quelquefois elle blessera vivement la famille; mais la loi pénale n'est pas faite pour guérir toutes les blessures, pour protéger tous les intérêts privés : elle intervient seulement quand l'intérêt général est en souffrance, quand l'ordre public est compromis ou menacé par un fait coupable. De puissantes raisons ont déterminé les auteurs des lois de 1819 à considérer comme un délit la diffamation même véridique envers les citoyens. Sous une monarchie qui cherchait à effacer les traces des anciennes discordes, et qui appelait à son service des générations élevées pendant la révolution et l'empire, il était d'une politique sage et vraiment libérale de mettre un terme aux récriminations de partis qui avaient affligé la première année de la restauration, et d'interdire ces invectives, ces reproches sanglants du passé, trop souvent employés comme armes de guerre contre les hommes qui revenaient sincèrement à la cause royale. Ce fut, on n'en saurait douter, un des principaux motifs qui décidèrent le gouvernement à substituer la diffamation à la calomnie sur la liste des délits. Un autre motif, non moins grave, c'est qu'il est contraire à l'intérêt public de laisser reprocher à tout moment aux citoyens les fautes dans lesquelles la faiblesse d'un jour a pu les entraîner, parce qu'en remettant sans cesse leur honneur en cause, on les empêcherait souvent de se réhabiliter, au grand détriment de la société. Enfin, la loi interdisait même de nuire à la considération, c'est-à-dire, comme l'expliquait le garde des sceaux, de diminuer l'estime que chacun peut avoir acquise dans l'état qu'il exerce, estime qui fait une partie de sa fortune, qui est pour lui une propriété et qu'on ne peut impunément lui ravir. Toutes ces raisons expliquent parfaitement pourquoi la loi reconnaît un délit nouveau, en réprimant la diffamation envers les vivants; elles ne font pas comprendre pourquoi elle punirait la diffamation envers les morts. Ici le repos général, le bon ordre de la société ne sont plus troublés par la liberté, même par les écarts de la parole : la société est intéressée, au contraire, à la justice tardive qui se fait sur les tombeaux; chacun se souvient du passage où Bossuet loue la coutume des Égyptiens : « Leurs rois, dit-il, étaient épargnés pendant la vie, le repos public le voulait ainsi; mais ils n'étaient pas exempts du jugement qu'il fallait subir après la mort. » On assure que la pensée de ce jugement retint plus d'un mauvais prince : plût au ciel qu'une pareille crainte fût habituelle aux personnages publics et à tous ceux qui se donnent la charge de diriger les hommes!

Est-il vrai de dire, cependant, que la loi laisse sans protection l'honneur des morts? On s'attendrit facilement sur le fils qui vient d'enterrer sa mère, sur le père qui vient de perdre sa fille, et qui, rentrant du convoi tout mouillé de ses larmes, trouve un écrit, un journal, un pamphlet, qui ternit odieusement la mémoire de celle qui pleure. On se plaît à peindre cette victime criant justice et ne l'obtenant

pas, s'adressant aux tribunaux qui la repoussent, et déclarée impuissante à venger l'honneur qui lui est cher ; on
s'imagine voir écrite en toutes lettres dans la loi cette ré-
voltante maxime : « La diffamation est permise envers les
morts et nul ne vengera leur mémoire. » Toutes ces plaintes
sont vaines : car la loi ne permet pas, ne regarde pas comme
bon et moral tout ce qu'elle s'abstient de punir ; on pourrait citer des actes odieux, criminels qu'elle ne punit pas,
parce qu'elle ne les considère pas comme troublant sérieusement l'ordre public ; elle blesserait, cependant, tous nos
sentiments en les déclarant permis. Il en est de même de
la diffamation envers les morts : si elle ne la punit point,
ce n'est pas qu'elle l'approuve, mais elle n'y reconnaît
pas les caractères essentiels d'un délit. Est-ce à dire
qu'elle prive les héritiers de toute action, qu'elle laisse
le tort moral qui leur est fait sans réparation possible ? Mais nos lois ne laissent aucun dommage sans
réparation, car elles contiennent ce principe : « Tout fait
quelconque de l'homme qui cause un dommage à autrui,
oblige celui par la faute duquel il est arrivé à le réparer, »
et si elles ne voient pas un délit dans toute espèce de préjudice, si elles ne mettent pas en mouvement l'action publique et la juridiction correctionnelle ou criminelle pour
donner satisfaction à tous les intérêts lésés, elles attribuent
du moins aux tribunaux civils la plus large autorité pour
assurer la réparation de toutes les injustices privées et elles
n'interdisent certainement pas aux héritiers, blessés dans
l'honneur de leurs proches, de profiter de cette disposition
du droit commun.

On craint qu'une action devant les tribunaux civils ne
soit une bien faible consolation pour leur susceptibilité :
il faudra donc, se dit-on, que l'héritier passe par cette porte
étroite et mesquine, qu'il invoque l'art. 1382 du Code civil,
qui, prévoyant tout, mêlant tout, et toute espèce de dommage, et par exemple la dégradation par imprudence d'un
meuble ou d'un immeuble, ordonne que le préjudice sera
réparé ! Trouvera-t-il là de quoi satisfaire sa juste vengeance ? A cette objection, la réponse ne semble pas diffi-

cile. Le principe général de la loi, c'est simplement le précepte de la morale évangélique : « Ne fais pas à autrui ce que tu ne voudrais pas qu'on te fît, » précepte qui interdit aussi bien de dégrader le mur du voisin que de ruiner la réputation du prochain, et qui oblige à réparer le tort matériel ou moral qu'on a pu causer par sa faute. On ne découvre pas, en vérité, comment une loi spéciale réussirait à rendre plus d'honneur à la mémoire de ceux qu'elle protégerait.

C'est par cette porte étroite et mesquine, comme on le dit, qu'ont passé récemment encore les héritiers du prince Eugène, S. A. le duc de Würtemberg, S. M. la reine de Suède et de Norwége, S. M. l'Impératrice du Brésil : ces augustes personnages se plaignaient que le prince eût été calomnié dans les mémoires du maréchal duc de Raguse; ils avaient entre les mains des preuves suffisantes pour justifier la mémoire de leur parent; ils se sont adressés, non pas au tribunal correctionnel, mais à la justice civile. Ils n'ont pas demandé aux magistrats de condamner à la prison l'éditeur de l'ouvrage, légalement responsable de la publicité qu'il avait donnée à la diffamation; ils n'ont pas cru s'abaisser en demandant une réparation civile, et ils l'ont obtenue par un jugement et par un arrêt qui imposaient à l'éditeur la réfutation des passages jugés calomnieux, en l'obligeant d'insérer dans l'ouvrage les pièces justificatives. La Cour de Paris définissant, en cette occasion, les droits et les devoirs de l'historien, les résumait en ces termes : raconter avec vérité, juger avec liberté. « Si les jugements « de l'écrivain ne relèvent que de l'opinion, ajoutait-elle, « c'est à la condition que le mensonge n'entrera pas dans « son œuvre, c'est-à-dire que les faits seront rapportés avec « exactitude..... Autrement, au lieu d'être le plus grave et « le plus utile des enseignements, l'histoire se transfor- « merait impunément en satire, et les calomnies les plus « graves pourraient y être accréditées. Mais un tel système « est impossible : pour tout fait mensonger, en quelque « ouvrage qu'il se soit glissé, histoire, mémoire ou libelle, « la réclamation est ouverte; et, selon les cas, les tribu-

« naux civils ou les tribunaux de répression sont char-
« gés d'apprécier le dommage et d'en régler la répara-
« tion..... (1) »

On peut s'en convaincre par cet arrêt, la juridiction civile ne laisse pas les héritiers d'un personnage historique
entièrement désarmés : loin de là, elle leur ménage la seule
réparation qui puisse leur convenir, celle qui satisfait leur
honneur beaucoup plus qu'une condamnation à l'amende
et à la prison, elle leur assure la rétractation de la calomnie.
Elle a un autre avantage, et pour les parties qui se plaignent, et pour l'écrivain qu'on accuse : c'est qu'elle autorise la discussion des événements historiques, la preuve
des faits qu'on allègue. La loi civile, en effet, dans la géné-
ralité de ses termes, exige, pour ordonner la réparation
d'un dommage, que le dommage soit imputable à une faute.
Les tribunaux auront donc toujours à se demander si
l'historien qu'on poursuit est en faute ; pour cela ils pourront apprécier les devoirs et les droits de l'histoire, et
répondront tous, comme la Cour de Paris, que l'historien
est en droit de juger avec une pleine liberté pourvu qu'il
n'altère ni sciemment, ni par légèreté, l'exactitude des faits.
La juridiction pénale, on l'a vu, ne peut pas se mouvoir dans
un aussi large cercle : partout où elle rencontre les caractères légaux de la diffamation, elle est obligée de condamner, et pour ainsi dire de condamner sans entendre le
prévenu, puisqu'il n'est pas permis à ce dernier de prouver
la vérité de ses écrits ou de ses paroles. C'est donc devant
les tribunaux civils seulement que l'histoire peut trouver
les garanties qui lui sont dues ; c'est devant eux seulement que les héritiers, de leur côté, peuvent confondre
la calomnie et laver de toute tache la mémoire qu'ils veu-
lent défendre. Devant eux, tous les intérêts de l'histoire
sont efficacement satisfaits, et il serait parfaitement injuste
de prétendre que la loi abandonne l'honneur des morts,
quand elle le couvre de cette protection.

Voilà ce qu'ont voulu nos législateurs, on n'en saurait

____

(1) Arrêt de Paris, 17 avril 1858.

douter : telle est la loi à l'ombre de laquelle l'histoire s'est développée si glorieusement dans notre pays et dans notre siècle, jouissant d'une pleine liberté de juger les hommes, distribuant avec indépendance la louange ou le blâme, responsable néanmoins de ses fautes, mais responsable devant des tribunaux qui peuvent comprendre et apprécier la nécessité de sa mission. Quand on compare à cette simple et naturelle explication de la loi, consacrée par l'opinion générale des auteurs et des arrêts, le système récemment adopté par la Cour de cassation, on ne peut contenir son étonnement de voir quelle doctrine a prévalu. Ce n'est pas, en effet, par intérêt pour les morts qu'on a pu se croire obligé d'accorder à leur mémoire la protection d'une action pénale ; car l'action civile leur assurait une garantie au moins aussi efficace. L'honneur des morts n'était pas en cause ; le respect des morts, tout le monde le veut, la loi de 1819 l'a voulu, le jury le voulait quand il repoussait la plainte de la maréchale Brune, les Cours et les tribunaux n'ont jamais cessé de le vouloir. Mais ce qui était, ce qui est encore en question, c'est la liberté de l'histoire, c'est cette liberté qu'on a réellement attaquée, et qui, pour la première fois, succombe. Car, malgré toutes les précautions de langage qui se peuvent employer, si l'on applique la loi de 1819 dans le sens qui lui est attribué, c'en est fait de l'histoire : elle n'a plus la liberté ni de découvrir les secrets honteux, ni de châtier les vices, ni de flétrir les crimes, en attendant qu'un jour peut-être il lui soit interdit de célébrer l'honneur et de glorifier la vertu !

A défaut d'arguments qu'on puisse tirer du texte ou de la discussion de nos lois pour appuyer cette théorie nouvelle, on cherche en vain à s'autoriser des législations antiques. Des articles de lois grecques ou de lois romaines auraient peu de valeur cependant pour faire prononcer des peines en France, et au xixᵉ siècle ; mais ils donneraient des titres d'ancienneté, et pour ainsi dire des raisons d'être au délit qu'on prétend établir : si en effet le paganisme s'est montré soucieux du respect des morts, s'il l'a prescrit et sanctionné par ses lois pénales, il semblerait trop étrange que les peuples modernes, vivifiés par le christianisme et pénétrés de la croyance à l'immortalité de l'âme, eussent abandonné à l'insulte et au mépris la mémoire des aïeux. Aussi s'empare-t-on avec empressement d'un passage de Plutarque qui loue Solon d'avoir défendu par une loi qu'on injuriât les morts ; « car, ajoute-t-il, la reli- « gion fait un devoir de tenir les morts pour sacrés, la « justice d'épargner ceux qui ne sont plus, l'intérêt public « d'interdire les haines éternelles. » On croit même, d'après un passage de Démosthène et d'après un fragment d'Hypéride, que la loi de Solon punissait plus sévèrement l'injure envers les morts que l'injure envers les vivants. Mais pour apprécier la portée de ces dispositions, il faudrait pouvoir déterminer d'abord d'une manière exacte ce que les Grecs entendaient par injure : ce qui est dès maintenant certain, c'est que la calomnie seule tombait sous le châtiment de leurs lois, et qu'on échappait à toute peine en produisant la preuve des faits qu'on avait allégués. On ne peut donc tirer aucun argument d'une législation fondée sur des principes si différents des nôtres. Quant à la liberté de juger, de décrier, et même de couvrir d'infamie les citoyens obscurs et illustres, on peut croire qu'elle n'était pas resserrée dans de fort étroites limites, si l'on prend la peine de se reporter aux souvenirs de la littérature grecque depuis son origine jusqu'à son extrême décadence. Ceux qui invoquent Solon à l'appui des doctrines nouvelles, ont sans doute oublié jusqu'au nom d'Aristophane, qui vivait cependant deux siècles après Solon et sous l'empire encore très-respecté de ses lois. Qu'on jette les yeux sur l'œuvre de l'immortel comique : son théâtre, c'est le pamphlet, c'est la presse de l'antiquité. A qui a-t-il épargné ses railleries ou même ses insultes ? L'éclat des services, le génie, la vertu n'ont pas réussi à mettre à l'abri de ses sarcasmes Périclès, Euripide, Socrate ; et ses comédies de *la Paix*, des *Grenouilles*, des *Nuées*, dont les traits s'émoussent contre ces noms glorieux, attestent du moins avec quelle licence on pouvait abuser, chez les Grecs, de la liberté de parler et d'écrire, contre les morts aussi bien que contre les vivants. Assurément nous ne citons pas Aristophane comme un modèle dont les écarts soient bons à imiter, et ce n'est pas sa liberté que nous réclamons pour notre temps et pour notre pays; mais le souvenir de ses invectives, en laissant voir ce que tolérait la loi de Solon, devrait mettre en garde contre l'interprétation complaisante qu'on cherche à en donner.

La législation romaine nous est connue par des textes plus complets et ordinairement mieux compris que ne sont les lois grecques : aussi ne néglige-t-on pas d'en faire usage, et il semble, à lire le réquisitoire du procureur général près la Cour de cassation, que le *Digeste* soit encore la loi pénale de la France, tant on met de persévérance à répéter ce passage : « Si une injure est faite au cadavre « d'un mort dont nous sommes les héritiers, nous avons, « de notre chef, l'action d'injure ; car il y va de notre hon- « neur qu'on ne l'outrage point. Il en est de même si l'on « déchire sa réputation. » Mais quand on cite les lois romaines, on devrait prendre soin de les citer complète- ment, et ne pas oublier qu'à côté de cette disposition se trouve ce sage tempérament: « On ne peut être condamné « pour avoir flétri un coupable; car il est de l'intérêt de « tous que les fautes des coupables soient portées à la « connaissance publique (1). » Tel est l'ensemble de la loi, et chacun peut y reconnaître cette sûreté de principes, qui a fait appeler le Droit romain la raison écrite. Il est de l'intérêt de tous qu'on démasque les coupables; si une ré- putation a été usurpée, si on se sert de cette réputation pour autoriser des faits blâmables, pour justifier des actes honteux, c'est un devoir public de révéler la vérité, voilà la pensée des lois romaines; et si plus d'une fois l'empire s'est écarté de ces maximes, si Auguste et ses successeurs ont frappé de châtiments arbitraires la généreuse hardiesse de quelques écrivains, il n'en faut imputer le tort qu'aux

---

(1) Eum qui nocentem infamavit, non esse bonum æquum ob eam rem condemnari : peccata enim nocentium nota esse et oportere et expedire. L. 18, Dig De injuriis et famosis libellis.

mauvaises passions et au pouvoir absolu de ces princes, il n'en faut pas accuser les lois, qui ont au contraire honoré constamment la liberté de l'histoire (1).

On le voit, si les anciens ont témoigné pour les morts autant de sollicitude que pour les vivants, c'est contre la calomnie seulement qu'ils ont prétendu protéger la mémoire des uns comme la réputation des autres. Un abîme sépare donc leurs lois du système que la Cour de cassation tend à faire prévaloir. Les Codes des nations modernes ne se sont jamais montrés plus rigoureux. Quelquefois même ils sont restés fort en deçà des principes du droit grec ou du droit romain : ainsi la législation anglaise se rapproche beaucoup de la nôtre, et ne semble donner d'action à l'héritier que si son propre intérêt se trouve lésé, si la diffamation, à travers la mort, arrive jusqu'à lui ; en outre, les statuts les plus récents permettent, devant la juridiction criminelle aussi bien que devant la juridiction civile, la preuve des faits diffamatoires, qui n'est pas admise devant nos tribunaux correctionnels (2). Dans d'autres pays on s'est préoccupé, tout récemment encore, et peut-être sous l'influence de nos dernières controverses, de réprimer, par des dispositions spéciales, certaines attaques contre les morts ; mais on s'est toujours arrêté à la calomnie. La question de la liberté de l'histoire a été soulevée, à ce propos, dans le parlement belge, qui prétend tracer, dans son nouveau Code pénal, la limite exacte entre les droits de la tombe et les droits de la postérité. Les articles discutés et votés dans la Chambre des représentants n'ont pas encore force de loi, ils ne doivent être soumis au Sénat qu'avec l'ensemble du Code pénal, et ne seront pas promulgués sans doute avant deux ou trois années ; ils ne peuvent donc être invoqués, quant à présent, qu'à titre de documents provisoires. Sous la réserve des corrections qu'une discus-

(1) On peut lire à ce sujet dans l'*Examen critique des historiens d'Auguste*, par M. Egger, un chapitre curieux, intitulé : De l'influence d'Auguste sur la littérature de son siècle ; liberté d'écrire.

(2) Act. 6 et 7 Victoria, c. 96. Stephen's commentaries on the laws of England, livre 5, ch. 8.

sion définitive apportera peut-être à la loi qu'on élabore, la Chambre a dès maintenant admis le principe que la calomnie dirigée contre une personne décédée peut être l'objet d'une répression pénale. « La poursuite, ajoute « l'article, ne pourra avoir lieu que sur la plainte soit du « conjoint survivant, soit de tout ascendant, soit de tout « descendant jusqu'au troisième degré, et à défaut de « ceux-ci, sur la plainte de l'un ou de l'autre des héritiers « légaux jusqu'au même degré (1). » Par ces restrictions on tente de satisfaire et de concilier les deux exigences opposées : peut-on cependant se flatter d'y réussir, au moyen de cette disposition bizarre qui donne tous les droits à l'historien, même celui de calomnier, pourvu qu'il remonte à trois générations en arrière, et qui, pour prix de cette large concession, retranche de son domaine l'histoire contemporaine, en l'exposant sans cesse, s'il s'y aventure, à être poursuivi pour un délit de calomnie qui n'est pas strictement défini, et qu'à la vérité on ne pourra jamais définir ?

C'est là en effet que les législateurs de tous les pays rencontreront toujours l'écueil contre lequel ils ne pourront manquer de se heurter, quand ils voudront protéger par une répression pénale l'honneur et la réputation des morts. Nous oublions pour un moment que notre législation ne distingue pas la diffamation de la calomnie et punit les imputations vraies aussi sévèrement que les fausses ; nous supposons qu'on veuille faire une loi nouvelle pour punir le mensonge historique. Beaucoup de bons esprits se plaignent que cette loi n'existe pas ; mais, on peut s'en convaincre, il est plus facile de regretter cette lacune que de la combler. En principe, tous les honnêtes gens adoptent comme un axiome cette maxime de Voltaire : « On doit des égards aux vivants, on ne doit aux morts que la vérité, » et chacun voudrait que la vérité fût pour l'historien une loi sainte qu'il ne pût impunément violer. Mais

______

(1) Art. 528 du projet de Code pénal, voté le 14 mars 1860 par la Chambre des représentants belges.

c'est précisément quand il s'agit de raconter les actions des hommes, de pénétrer leurs secrets desseins, de juger leurs intentions intimes, en un mot d'écrire l'histoire, qu'on peut à bon droit répéter cette parole : Qu'est-ce que la vérité? Et s'il ne nous est pas donné de la connaître, si nous sommes condamnés à l'incertitude sur la plupart des problèmes historiques, anciens, modernes, et même contemporains, on peut ajouter : Qu'est-ce, en histoire, que la calomnie? Suivant la définition du Code pénal de 1810, la calomnie était toute imputation de faits dont la preuve légale n'est pas rapportée; et la loi ne considérait comme preuve légale que celle qui résulte d'un jugement ou de tout autre acte authentique (1). Est-ce là une loi que l'historien devra subir, et ne lui sera-t-il permis d'apporter, à l'appui de ses récits, que des arrêts ayant l'autorité de la chose jugée, ou des extraits de la partie officielle du *Moniteur*? Peut-être la vérité historique n'y gagnerait-elle pas autant qu'on le croit. Cependant, si l'on s'écarte de cette définition, il faut en adopter une autre : vous désirez punir la calomnie, vous condamnez l'historien à rapporter la preuve de tous les faits qu'il avance, à quel signe reconnaîtrez vous la vérité de ses imputations, à quel genre de preuve accorderez-vous le bénéfice de l'impunité? Il serait **absolument** nécessaire que le législateur tranchât cette **question**, à peine d'insérer dans la loi un de ces termes **vagues, indéfinis**, dont il ne comprendrait pas lui-même le sens, **et de** laisser aux tribunaux correctionnels la faculté arbitraire **de** décider suivant les cas ce qui constitue la calomnie, **la** trop lourde charge de résoudre, sans lumières **spéciales** et sans autorité suffisante, les problèmes historiques **qui embarrassent** même les Académies.

Quel que soit **d'ailleurs** le genre de preuve auquel on s'arrête, combien de **fois l'historien**, même le plus sincère, et le plus convaincu des **faits** qu'il raconte, serait exposé à se voir honteusement **déclarer** calomniateur, non parce qu'il aurait menti, mais parce **que les** preuves lui manqueraient!

(1) Art. 368, 370, Code pénal.

Il lui serait interdit de rapporter ce qu'il a vu de ses yeux, ce qu'il a entendu de ses oreilles ! Des témoins dignes de foi lui ont attesté des événements, des entretiens où l'honneur d'un personnage est compromis ; les témoins sont morts, il se voit condamné à garder le silence, dans la crainte de la police correctionnelle. Tout récemment, par exemple, les mémoires du comte Miot de Mélito ont vu le jour. Miot fut un serviteur fidèle du premier Empire, attaché à toute la famille impériale, admis en particulier dans l'intimité du roi Joseph, qui lui faisait souvent confidence de ses conversations avec l'Empereur. Tout n'est pas louange dans les paroles qu'il répète ; et de hautes familles pourraient s'en trouver parfois offensées. Ainsi Napoléon dit à son frère : « Je sais que vous êtes incapable d'un crime, et que « jamais, quels que soient les avantages que vous puissiez « trouver à ma mort, vous ne les achèterez par un attentat. « *Je ne pense pas ainsi de Lucien*, et voilà pourquoi je l'ai « écarté, pourquoi je ne le rappellerai jamais (1). » L'accusation, on en conviendra, est peu flatteuse pour le prince Lucien ; et si l'un de ses héritiers portait plainte en calomnie, il serait sans doute assez difficile à l'écrivain de rapporter la preuve de l'entretien qu'il raconte. Les citations pourraient être multipliées à l'infini. Quel auteur, quel éditeur d'un livre d'histoire, de mémoires, de correspondances, se flatterait de n'avoir pas laissé échapper un fait, une parole, un soupçon qu'il ne pût appuyer d'une pièce justificative ? Les meilleurs eux-mêmes devraient trembler ; et le plus sage parti qu'ils auraient à prendre serait de brûler leurs livres et de jeter leur plume au vent.

Cependant nous n'avons raisonné jusqu'ici que dans l'hypothèse d'une loi sur la calomnie. Une pareille loi aurait du moins l'avantage d'être fondée sur un principe d'honnêteté qui réunit tous les suffrages ; l'application seule en serait difficile, et tellement hérissée d'obstacles qu'il semble plus naturel d'y renoncer, et de laisser l'histoire, comme par le passé, tout à fait en dehors du prétoire

(1) Mémoires du comte Miot de Mélito, tome 2, page 238.

de la police correctionnelle. Mais cette supposition même nous laisse fort loin de l'arrêt de la Cour de cassation et de la doctrine qu'il consacre. Ce n'est pas la calomnie qu'il déclare passible de peines, c'est la diffamation ; ce n'est pas le mensonge, ni même l'erreur, c'est la vérité sévère, ou seulement désobligeante. Il importe donc peu de rechercher quel genre de preuve peut être permis à l'historien ; la preuve est interdite, qu'on ne le perde pas de vue. Toute révélation fâcheuse, toute appréciation blessante tombe sous le coup d'une peine ; c'est ainsi que la loi est appliquée à l'égard des vivants, elle ne peut être entendue autrement à l'égard des morts. A ces conditions, où est l'insensé qui oserait encore écrire une histoire ?

On assure que M. Thiers n'a rien à craindre, quoiqu'il ait raconté une époque souillée par les plus grands crimes, flétrie par les plus honteuses lâchetés qu'ait enregistrées l'histoire. Mais qui voudrait s'en porter garant? Ce n'est pas le ministère public, il faut s'en souvenir, c'est la partie lésée qui exerce directement le droit de poursuite devant le tribunal correctionnel : qui pourrait assurer qu'aucun héritier des grands ou des petits criminels de la Révolution ne viendra jamais demander compte à leur historien de la publicité qu'il a donnée à leurs méfaits, et de la triste immortalité qu'il a attachée à leurs noms? Acceptons cependant la sécurité de M. Thiers, puisqu'on veut bien la lui promettre ; chacun se réjouira certainement de le savoir à l'abri des poursuites, mais peut-être cette consolation sera-t-elle médiocre pour ceux qui n'auront point part au même privilége. Tous les historiens en effet ne sont pas doués comme M. Thiers ; et de même qu'on ne peut exiger de tous son admirable talent, on ne peut pas imposer à tous son imperturbable sang-froid en face du vice vainqueur et de l'iniquité triomphante. Avec ses grandes qualités, M. Thiers n'a pas la prétention d'être un Tacite ; la Révolution et l'Empire français trouveront peut-être un jour le leur : Tacite ressuscité irait-il s'asseoir sur les bancs de la police correctionnelle?

Ce maître des historiens, le premier d'entre tous par

l'éclat du génie et la vigueur de la conscience, écrivait librement sous les règnes de Nerva et de Trajan, où l'on eut, dit-il, « ce rare bonheur de pouvoir penser comme on veut, et parler comme on pense (1). » Notre jurisprudence moderne ne lui laisserait pas, on peut le croire, cette liberté dont il félicitait son siècle. Quand on ouvre le livre de cet éloquent homme de bien, si quelque chose embarrasse, c'est le trop grand nombre de pages qui le feraient infailliblement condamner. Est-ce pour l'honneur d'Agrippine, ou pour l'honneur de Messaline qu'il serait plutôt poursuivi? De Tibère et de Néron, nous n'en parlons pas; nous voulons croire que si quelque héritier maladroit était tenté de prendre leur défense, les rochers de Caprée, les ruines de Rome incendiée se soulèveraient encore pour le confondre. Mais Tacite n'a pas raconté seulement les forfaits publics; il ne s'est pas borné à flétrir deux noms; il a donné place dans sa formidable galerie à tous les ministres des crimes, à tous les instruments des hontes impériales : Séjan, Pison, Tigellin, Narcisse, Pallas, tous ces courtisans qui se rendaient complices du maître par leur flatterie ou par leur silence, et dont Tibère lui-même disait avec dégoût : *O homines ad servitutem paratos!* Ces hommes, il n'en faut pas douter, trouveraient encore aujourd'hui leurs apologistes; et l'on peut s'imaginer avec quel air d'innocentes victimes ceux-ci viendraient se plaindre de l'indiscret, de l'importun qui a troublé le repos de tant de cendres, qui s'est permis d'attacher tant de noms à son pilori vengeur, au lieu de les laisser ensevelis dans un bienveillant oubli.

On ne nous répondra pas que personne n'oserait s'attaquer à Tacite. Ce n'est pas impunément qu'il a été juste et sévère, il s'est fait des ennemis, même dans notre siècle. Napoléon aimait à l'appeler un calomniateur: « Tacite, « disait-il à M. de Narbonne, fausse l'histoire pour « peindre éloquemment. Il calomnie l'Empire, il est

____

(1) *Rara temporum felicitate, ubi sentire quæ velis, et quæ sentias dicere licet.* (Hist., lib., I, cap. 1.)

« de la minorité , du vieux parti de Brutus et de
« Cassius. C'est un sénateur mécontent , un *boudeur*
« *d'Auteuil* , qui se venge la plume à la main dans
« son cabinet. Il a des rancunes d'aristocrate et de
« philosophe tout à la fois ; il subtilise avec mau-
« vaise humeur, et ne comprend pas la grande unité
« de l'Empire..... (1) » Qu'on se figure un écrivain
paraissant devant les tribunaux, précédé d'un pareil
arrêt!

Ce qui est le plus triste, c'est qu'il se trouverait proba-
blement, dans nos générations, peu de personnes pour le
plaindre. Pourquoi, diraient les uns, avait-il une si fâcheuse
humeur? Pourquoi était-il si peu de son temps? Ceux-là
lui reprocheraient de ne s'être pas contenté du récit des
événements publics, d'avoir pénétré les intentions secrètes,
de s'être plu à trouver des coupables pour en faire ses victimes. D'autres se plaindraient qu'il se fût permis, à l'égard
des bassesses qu'il rapporte, un ton ironique, hautain,
quelquefois méprisant. Chacun en effet, dans notre siècle,
a son système sur l'histoire; chacun, suivant son caractère
et son tempérament particulier, prétend lui imposer quelques limites salutaires, tout en se persuadant qu'on n'em-
piète en rien sur ses droits. Ainsi, aux yeux d'un grand
nombre, il est incontestable que l'historien peut flétrir les
crimes; mais ne devrait-il pas épargner certains vices qui
ne font grand tort à personne? Faut-il qu'il soit également
impitoyable pour toutes les faiblesses; et n'accordera-t-on
pas à la nature humaine quelques défauts privilégiés, un
peu d'adulation, par exemple, ou (pour employer un néo-
logisme), un peu de *platitude?* Voilà ce que les plus mo-
dérés disent tout bas. D'autres abandonnent volontiers à
l'histoire les actes officiels des personnages publics; mais
ils réclament pour la vie privée. Un grand homme d'État a
dit que la vie privée doit être murée, cela est vrai ; mais
est-ce que les yeux de Saint-Simon n'ont pas le droit de

(1) Souvenirs contemporains d'histoire et de littérature, par M. Villemain, tome I, page 151.

pénétrer à travers les murailles ? Ce sont précisément les faits de la vie intime, ce sont les vices cachés, ce sont les petites bassesses qu'il poursuit de son implacable censure. Il nomme l'original du *Tartufe* de Molière. Peut-on citer tous les courtisans dont il révèle les ridicules flatteries ? ce n'était pas un méchant homme, celui qui refusant de se couvrir par un temps de pluie devant le roi Louis XIV, lui disait : « Ce n'est rien, sire, la pluie de Marly ne mouille pas. » Faut-il interdire aux historiens de raconter ces anecdotes, et de se faire ainsi les peintres du cœur humain ou de la sottise humaine ? Mais alors, ce n'est pas Saint-Simon seulement qu'il faudrait supprimer ; c'est, avant tout autre, Tallemant des Réaux, c'est le cardinal de Retz, c'est La Rochefoucault, c'est l'indulgent Philippe de Comynes lui-même : il faudrait sacrifier, par arrêt de justice, l'un des plus beaux trésors, le plus original peut-être de la littérature française.

Il est un autre droit qu'on ne peut contester à l'historien : il n'a pas seulement pour charge de raconter ce que chacun sait, il faut qu'il cherche l'inconnu et qu'il le découvre. Il ne serait pas digne de son nom, si, par quelque sentiment de respect ou de crainte, il s'arrêtait dans la poursuite ardente de la vérité. Une nouvelle *Histoire des Girondins* vient de paraître : l'auteur, qui a fouillé tous les documents de son époque, prend soin de nommer, un à un, tous les hommes qui ont conçu, ordonné ou accompli les massacres de septembre. Il ne permet pas à son lecteur de croire que ce grand attentat ait été l'effet irréfléchi d'un entraînement populaire ; il voit les coupables et il les touche du doigt : « Je me tairais, dit-il, si ces « secrets étaient les miens ; mais ce sont les secrets de « l'histoire ; ils appartiennent au pays qui a besoin de sa-« voir jusqu'où vont, dans la voie du crime, les factions « qui le désolent ; ils appartiennent à tant de malheureuses « victimes dont les mânes ont besoin d'être conso-« lés ; ils appartiennent à la justice, à la justice venge-« resse, dont les méchants peuvent détourner un instant « le glaive, sans qu'ils aient le pouvoir, morts ou vivants,

« de lui échapper jamais (1). » Combien chaque époque
nous garde ainsi, peut-être, de terribles révélations, qui
peu à peu se feront jour pour l'instruction de la postérité !

Si l'on reconnaît que le droit de soupçonner et de
découvrir les crimes est une des immunités de l'histoire,
lui contestera-t-on le privilége de dresser devant la postérité les portraits des morts, de dessiner leurs caractères
avec une liberté de crayon qu'on ne pourrait, sans folie, ré-
clamer à l'égard des vivants? A combien d'années de prison, à combien de mille livres d'amende s'exposerait-on, si
l'on s'avisait d'écrire sur un homme de chair et d'os ce que
Saint-Simon a écrit du premier président de Harlay, avec
cette circonstance aggravante que sa victime était un magistrat ? « Il se piqua surtout de probité et de justice, dont
« le masque tomba bientôt. Entre Pierre et Jacques, il
« conservait la plus exacte droiture, mais dès qu'il aperce-
« vait une faveur à ménager, tout aussitôt il était vendu.....
« Une austérité pharisaïque le rendait redoutable par la li-
« cence qu'il donnait à ses répréhensions publiques, et aux
« parties, et aux avocats, et aux magistrats, en sorte qu'il
« n'y avait personne qui ne tremblât d'avoir affaire à lui.
« D'ailleurs, soutenu en tout par la Cour dont il était l'es-
« clave et le très-humble serviteur de tout ce qui y était en
« vraie faveur..... Sans honneur effectif, sans mœurs dans
« le secret, sans probité qu'extérieure, sans humanité
« même, en un mot un hypocrite parfait, sans foi, sans
« loi, sans Dieu et sans âme, cruel mari, père barbare,
« frère tyran, ami uniquement de soi-même, méchant par
« nature, se plaisant à insulter, à outrager, à accabler, et
« n'en ayant de sa vie perdu une occasion..... (2) »

De tels exemples d'âpres peintures ne sont pas rares, on
le sait, chez l'impétueux écrivain, qui se flattait de ne pas
blesser la charité « en n'attaquant que des morts. » S'il
s'était borné à étaler froidement devant nos yeux les scan-

(1) M. Granier de Cassagnac, Histoire des Girondins et des Massacres de
septembre, tome II, page 128.
(2) Mémoires de Saint-Simon, tome I, page 197.

dales de son temps, ses mémoires seraient le plus immo-
ral des livres ; mais parce que sa conscience s'échauffe à
la vue du mal, il restera, malgré quelques imperfections
de langage, l'un de nos plus grands historiens. Cette vigueur d'indignation n'est pas du goût de tout le monde,
et elle ne semble pas être le caractère habituel de notre
époque. Quelques âmes d'élite ont cependant retenu ce
don supérieur au milieu de l'affaissement des mœurs publiques ; et il faut leur savoir gré de faire suivre toujours
les grandes fautes par les grands châtiments que l'histoire
inflige. On ne peut, à ce propos, passer sous silence
le nom de l'écrivain qui, recueillant ses propres souvenirs sur les vicissitudes de notre siècle, a dressé devant
nous le saisissant tableau de ce règne de Cent-Jours, inau-
guré par le parjure et bientôt précipité par la trahison.
Comment M. Villemain a-t-il pu faire, avec cette histoire,
une œuvre vraiment élevée et morale? c'est à la condition de
traiter les coupables sans ménagements et sans excuses, et
de n'avoir pour les bassesses aucune de ces complaisances
qui déguisent trop souvent la complicité. Il n'a pas pris
garde sans doute de se rendre agréable aux amis ou aux
admirateurs de Benjamin Constant, quand il a montré,
dans un contraste rempli d'art, la métamorphose du tribun
qui signait, le 19 mars 1815, la fameuse proclamation
contre le Revenant de l'île d'Elbe, en un conseiller d'État,
s'extasiant quelques jours plus tard « sur la résignation
constitutionnelle de l'Empereur, » et « se moquant parfois
un peu de lui-même, pour prévenir les autres. (1) ». Il ne
s'est pas demandé timidement s'il existait quelque descendant de Fouché, quand il a raconté la triple intrigue de
ce personnage en faveur de Napoléon II, de Louis XVIII
et du duc d'Orléans, et quand il a peint « le Jacobin grand
« seigneur, suspect et nécessaire à tous, engagé à chaque
« parti, disons presque à chaque homme un peu considé-
« rable, ici par des liens de crime, là par des solidarités de

______

(1) Souvenirs contemporains d'histoire et de littérature, par M. Villemain, tome II, page 177.

« pouvoir ou de disgrâce; encourant toutefois à chaque mo-
« ment de nouvelles haines par quelque action ou quelque
« parole bientôt reniée ou rachetée, et parmi tout cela.....
« s'amusant lui-même de son péril, avec une verve de
« tromperie, un naturel dans le mensonge qui ne tardait
« pas à rassurer les plus défiants, et calmait les plus in-
« traitables. (2) » Qu'on se représente l'écrivain obligé, par
la crainte d'une poursuite correctionnelle, de sacrifier ces
lignes brûlantes et de les remplacer par un jugement
empreint de cette bienveillante douceur que la Cour
de cassation paraît exiger : que deviendra la moralité
de son œuvre, et quel usage aura-t-il fait de sa conscience
et de son talent ?

Enfin ce qui fera trouver grâce à l'historien, ce qui le fera
distinguer du pamphlétaire, est-ce le nombre des volumes?
Est-ce le récit prolongé, embrassant une certaine suite
d'années et la vie d'un certain nombre de personnages?
Mais l'histoire comprend et appelle la critique, la polé-
mique sur des actions isolées, la discussion sur les hauts
faits ou les vices des hommes. Si l'on découvre de nouvelles preuves que Démosthène était vendu au roi des
Perses, ou Mirabeau payé par la Cour, faudra-t-il composer
toute une histoire de la Grèce, ou toute une histoire de la
Révolution française, pour donner ces documents au public? Personne ne pourrait le soutenir : il faut donc reconnaître qu'on peut écrire des articles, des brochures sur un
fait déterminé, sur le caractère d'un homme, sans être un
libelliste ni un pamphlétaire. Cette opinion, nous en avons
la confiance, ne serait pas démentie, même devant la Cour
de cassation, car on pourrait la confirmer par des exemples
d'une incontestable autorité. Nous n'en voulons qu'un seul.
En 1823, l'Empire était depuis longtemps tombé, et Napoléon était, depuis deux ans, mort à Sainte-Hélène : on
pouvait attaquer le règne et le souverain, sans s'exposer à
aucun danger. Provoqué par quelques publications rela-

(1) Souvenirs contemporains d'histoire et de littérature, par M. Villemain, tome II, page 450.

tives à la mort du duc d'Enghien, M. Dupin prit la plume,
il n'écrivit pas un gros volume, mais une mince brochure,
dont nous citerons seulement les premières lignes :

« La mort de l'infortuné duc d'Enghien est un des évé-
« nements qui ont le plus affligé la nation française : il
« a déshonoré le gouvernement consulaire.

« Un jeune prince, à la fleur de l'âge, surpris par trahison
« sur un sol étranger, où il dormait en paix, sous la pro-
« tection du droit des gens ; entraîné violemment vers la
« France ; traduit devant de prétendus juges qui, en aucun
« cas, ne pouvaient être les siens ; accusé de crimes ima-
« ginaires ; privé du secours d'un défenseur ; interrogé et
« condamné à huis-clos ; mis à mort de nuit dans les fossés
« du château-fort qui servait de prison d'État ; tant de
« vertus méconnues, de si chères espérances détruites,
« feront à jamais de cette catastrophe un des actes les plus
« révoltants auxquels ait pu s'abandonner un gouverne-
« ment absolu.

« Si aucune forme n'a été respectée ; si les juges étaient
« incompétents ; s'ils n'ont pas même pris la peine de re-
« later dans leur arrêt la date et le texte des lois sur les-
« quelles ils prétendaient appuyer cette condamnation ; si le
« malheureux duc d'Enghien a été fusillé, en vertu d'une
« sentence *signée en blanc*..... et qui n'a été régularisée
« qu'après coup ! Alors ce n'est plus seulement l'innocente
« victime d'une erreur judiciaire ; la chose reste avec son
« véritable nom : c'est un odieux assassinat. »

Tout ce que M. Dupin avance, il le prouve, « parce qu'il
« est devenu nécessaire, dit-il, de faire connaître la vé-
« rité. » Personne, assurément, n'oserait lui faire un re-
proche d'avoir donné son opinion avec tant de sincérité et
de franchise ; et si nous nous sommes permis d'emprunter
ce passage à son écrit, c'est seulement pour prouver que,
même dans une courte brochure, on a le droit d'appeler les
choses par leur nom.

Si l'on veut faire une loi pour protéger la mémoire des
morts, « sans gêner en rien la liberté de l'histoire, » comme
dit la Cour de cassation, qu'on y songe donc ; il faudra lais-

ser l'histoire, et même l'histoire contemporaine, traiter les morts et juger leurs actions avec autant de liberté que Tacite parlant de Séjan, Saint-Simon de M. de Harlay, M. Dupin des hommes qui ont mis à mort le duc d'Enghien; il faudra lui accorder le droit de sonder les cœurs, de scruter les intentions cachées, de deviner les crimes, de fournir à la postérité les indices qui lui permettront de se faire juge, de rapporter, souvent sans autre preuve que le témoignage même de l'écrivain, ce qu'il aura vu et ce qu'il aura entendu. Si l'on concède toutes ces libertés, que devient la loi contre la diffamation?

Si au contraire on les interdit, l'histoire est abolie, l'histoire éclairée, l'histoire morale, l'histoire vengeresse du crime! Qu'on ne croie pas en effet que l'histoire pourra jamais vivre en se réduisant au rôle de panégyriste : le jour où l'écrivain n'aura plus le droit de flétrir le vice, il n'aura plus qualité pour exalter la vertu. On aura fait échapper quelques coupables au déshonneur; mais ce seront les honnêtes gens qu'on aura sacrifiés, en leur enlevant une des plus légitimes satisfactions qui leur soient dues. C'est à eux, en effet, et à eux seuls que la bonne renommée peut appartenir ; elle est leur bien, et ils y ont droit sans partage ; elle est la compensation et le couronnement, en ce monde même, de leur mérite et de leurs épreuves ; et quel serait le prix de la bonne renommée, si elle devenait, par arrêt de justice, le sort commun des bons et des méchants? Ceux-ci auraient pu triompher pendant leur vie ; ils auraient recueilli le fruit de leurs méfaits ou de leurs intrigues, ils auraient abusé de la force, et imposé aux hommes la soumission et les apparences du respect; et il faudrait encore qu'après leur mort on leur accordât l'estime et la louange ! Non, il est bon et moral que la balance soit un jour rétablie, que la justice de la postérité ne soit pas un mot vide de sens, qu'elle reste l'effroi du vice et l'encouragement de la vertu, et que dans l'avenir, au-delà de toutes les complaisances et de toutes les partialités contemporaines, le véritable honneur soit rendu à ceux-là seulement qui l'ont mérité !

Peut-être n'est-ce pas le désir de tout le monde ; peut-être y a-t-il des gens intéressés à laisser confondre le juste et l'injuste, et à empêcher que la postérité ne puisse distinguer l'un de l'autre. Ceux-là peuvent redouter les franchises de l'histoire, on comprend qu'ils les contestent. L'histoire en effet parlera de notre siècle, et quelque bonne opinion qu'il ait de lui-même, elle ne le traitera pas avec plus d'égards que les précédents. Notre génération, quoi qu'on dise, ne sera pas le modèle des générations futures : notre temps a ses vices, il a vu des défaillances, des défections, des changemens intéressés d'opinion ou de langage, il a connu les scandales de la cupidité et les misères de l'insouciance. Eh bien ! il faudra qu'un jour le voile soit arraché, et que toutes ces plaies paraissent à nu ; de même qu'en mourant nous irons rendre compte à Dieu de nos actions les plus secrètes, nous rendrons compte aux hommes de notre vie publique, et notre mémoire leur appartiendra pour être librement jugée. On aura beau faire ou interpréter des lois : ces lois ne tiendront pas contre le droit de l'histoire, et nous pouvons avoir la confiance que les contemporains, même s'ils sont réduits à écrire dans l'ombre, écriront encore, et légueront leur témoignage à l'avenir. La vérité sera connue ; elle éclatera un jour, comme ces pièces d'artifice qui vont tomber en pluie de lumière loin de la main qui les a lancées, et dont les feux éclairent d'autant mieux qu'ils ont été plus longtemps contenus. Ce n'est donc pas la postérité que nous plaignons, ce n'est pas pour elle que nous sommes inquiet.

Mais il est une triste réflexion dont nous ne pouvons nous défendre. Le gouvernement, par des raisons qu'il ne nous appartient pas de discuter, a restreint dans d'étroites limites la liberté de la presse ; du moins ce que le législateur a voulu dire, il l'a dit, il a interdit d'attaquer les institutions, de critiquer les actes du pouvoir public, et ceux mêmes de l'administration actuelle. Mais si la magistrature, non contente d'appliquer ces lois, comme c'est son droit, interprète encore des lois anciennes, rendues dans d'autres temps et sous l'empire d'autres principes, dans un sens qui ne leur a jamais été attribué par le gouvernement qui les a faites; si elle déclare les personnages des temps passés aussi invulnérables que ceux de notre temps; si elle applique à la mémoire des morts les mêmes lois qui protégent la réputation des vivants; si même elle se réserve d'apprécier les droits de l'historien arbitrairement, sans règle fixe, et suivant les cas particuliers qui lui seront soumis, elle fait usage d'une arme de guerre plus redoutable que toutes les autres, et dont la portée ne peut plus se calculer. Nous ne savons plus quelles sont les menaces que nos Codes recèlent, et nous aimerions mieux demander au gouvernement d'ajouter à la loi une disposition franche et intelligible conçue en trois mots: L'histoire est prohibée.

Paris. — Imprimerie de W. Remquet et Cie, rue Garancière, n° 5.